Serpientes

Editorial Wildlife Education, Ltd.
12233 Thatcher Court, Poway, California 92064
comuníquese al: **1-800-477-5034**
correo electrónico: **animals@zoobooks.com**
visítenos en: **www.zoobooks.com**

ISBN 1-888153-83-0

Serpientes

Serie creada y escrita por
John Bonnett Wexo

Consultor científico
Richard Etheridge
Profesor Emérito de Biología
San Diego State University

Traducido por
B. Mónica Rountree

Ilustraciones

Fotografías

Contenido

Las serpientes   6-7

El cuerpo de la serpiente   8-9

La piel de la serpiente   10-11

Moverse sin las piernas   12-13

Las serpientes son carnívoras   14-15

Las serpientes venenosas   16-17

Las serpientes no quieren envenenarte   18-19

El comportamiento de la serpiente   20-21

Las serpientes han sido adoradas   22-23

Índice   24

Las serpientes forman parte de uno de los grupos de animales mejor adaptados del mundo. Habitan en todos los continentes excepto Antártida y cuentan con alrededor de 3.000 diferentes tipos o especies. La mayoría vive sobre o bajo tierra, pero algunas especies habitan en los árboles, mientras que otras se pasan toda o parte de sus vidas en el agua. De naturaleza sigilosa, las serpientes permanecen alejadas de las personas tanto como les sea posible.

Las serpientes de mayor tamaño son la pitón reticulada, la cual alcanza 32 pies o más y la anaconda. La anaconda es por lo general un poco más corta que la pitón, pero pesa casi el doble. Se estima que su peso récord pueda ser de 500 a 600 libras. La serpiente de más edad hasta ahora registrada fue una boa constrictora que vivió 40 años, 3 meses y 14 días en el zoológico de Filadelfia. Es posible que existan serpientes más viejas y más grandes en lugares recónditos del mundo. Sin embargo, es poco probable encontrar una más pequeña que la culebra vermiforme, una serpiente primitiva raramente vista, que tan sólo mide cuatro pulgadas y media.

La mayoría de las serpientes tienen colores brillantes y una variedad de patrones que muchas veces las ayudan a confundirse con sus alrededores. Los llamativos diseños de la víbora rinoceronte y de la víbora del Gabón se confunden con las hojas esparcidas sobre el suelo de la selva. El brillante color esmeralda de la bejuquilla verde armoniza con el verde de la pluviselva. Muchas serpientes son venenosas, muchas no lo son, mas todas juegan un papel importante en la naturaleza. Cuando aprendas acerca de las serpientes, descubrirás cuán interesantes son. Las serpientes son también unas de las criaturas más hermosas de la Tierra.

ATHERIS HISPIDUS
Atheris hispidus

COBRA AFRICANA DE BOSQUE
Naja melanoleuca

SERPIENTE REAL DE CALIFORNIA
Lampropeltis zonata

SERPIENTE REAL SAN LUIS POTOSÍ
Lampropeltis mexicana
ATACANDO
SERPIENTE CASCABEL PIGMEA
Sistrurus miliarius

PITÓN RETICULADA
Python reticulatus

BOA CONSTRICTOR ORTONII
Boa constrictor ortonii

MAMBA VERDE
Dendroaspis angusticeps

SERPIENTE VOLADORA
DEL PARAÍSO
Chrysopelea paradisi

SERPIENTE DEL MANGLAR
Boiga dendrophila

CABEZA DE COBRE
Agkistrodon contortrix mokasen

BUNGARUS FASCIATUS
Bungarus fasciatus

Y CRÍAS SALIENDO
DEL CASCARÓN

VÍBORA RINOCERONTE
Bitis nasicornis

CULEBRA VERMIFORME
Leptotyphlops bilineata

El **cuerpo de la serpiente** parece extraño a primera vista. Sin embargo, tiene muchas de las mismas partes del cuerpo humano: una columna vertebral, un corazón, un estómago, etc. Estos órganos están distribuidos de una manera diferente por supuesto, mas cumplen las mismas funciones para la serpiente que para nosotros. Al igual que todas las criaturas en la naturaleza, la serpiente posee un cuerpo que está adaptado a la vida que lleva. Al considerar la cantidad de especies diferentes de serpientes que habitan en el mundo hoy en día, podemos comprobar que el diseño de su cuerpo ha tenido buenos resultados.

A diferencia de los seres humanos, las serpientes crecen hasta que mueren. La tasa de crecimiento es mucho más rápida cuando son jóvenes y disminuye a medida que envejecen. Es posible que una serpiente vieja crezca un poco solamente, pero continúa creciendo.

Mucha gente piensa que las serpientes son "pura cola", mas en realidad solamente una parte de su cuerpo constituye la cola. En algunos tipos primitivos, la cola es muy corta, solamente unas cuantas pulgadas de largo. Incluso las serpientes más largas raramente tienen una cola mayor a un tercio de la longitud total del cuerpo.

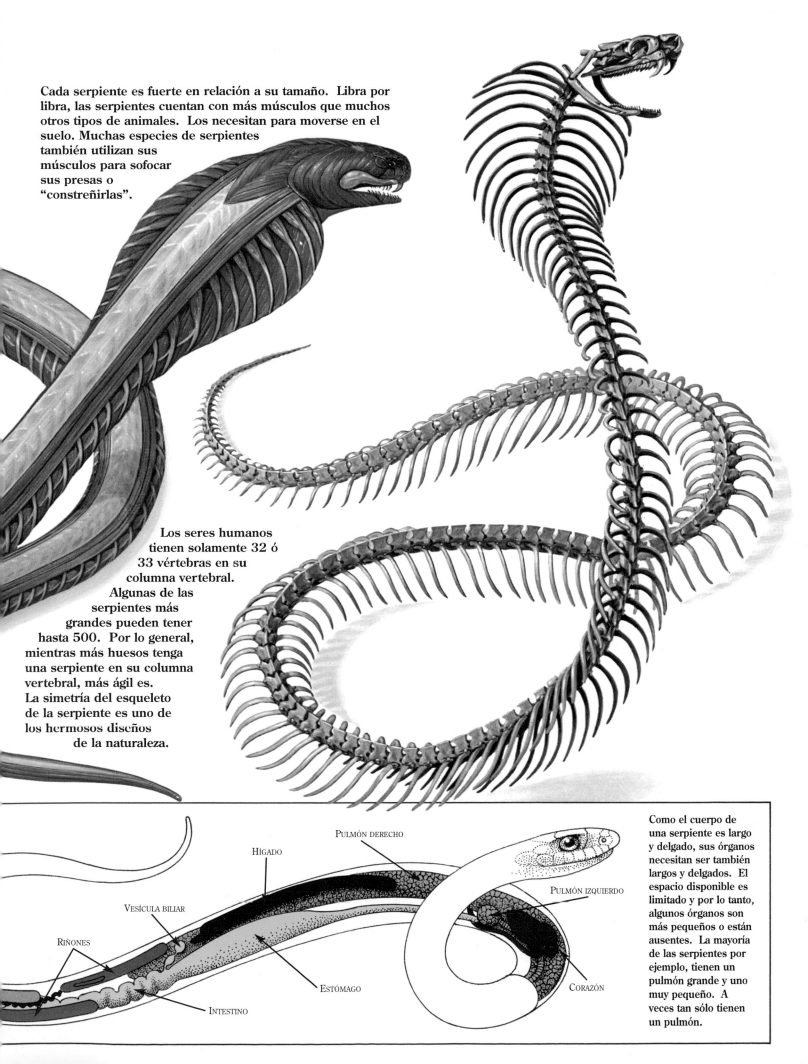

Cada serpiente es fuerte en relación a su tamaño. Libra por libra, las serpientes cuentan con más músculos que muchos otros tipos de animales. Los necesitan para moverse en el suelo. Muchas especies de serpientes también utilizan sus músculos para sofocar sus presas o "constreñirlas".

Los seres humanos tienen solamente 32 ó 33 vértebras en su columna vertebral. Algunas de las serpientes más grandes pueden tener hasta 500. Por lo general, mientras más huesos tenga una serpiente en su columna vertebral, más ágil es. La simetría del esqueleto de la serpiente es uno de los hermosos diseños de la naturaleza.

PULMÓN DERECHO

HÍGADO

VESÍCULA BILIAR

RIÑONES

ESTÓMAGO

INTESTINO

PULMÓN IZQUIERDO

CORAZÓN

Como el cuerpo de una serpiente es largo y delgado, sus órganos necesitan ser también largos y delgados. El espacio disponible es limitado y por lo tanto, algunos órganos son más pequeños o están ausentes. La mayoría de las serpientes por ejemplo, tienen un pulmón grande y uno muy pequeño. A veces tan sólo tienen un pulmón.

*L*a piel de la serpiente es muy importante para la supervivencia del animal por muchas razones. Las duras escamas protegen el interior de su cuerpo de alguna herida. Los colores y patrones de su piel pueden ayudarla a esconderse o a ahuyentar sus depredadores. A medida que va creciendo, la serpiente muda o cambia la parte exterior de su piel para dar espacio a un cuerpo más grande. (Una serpiente joven que crece rápidamente puede mudar su piel más de siete veces en un año.)

La piel de la serpiente tiene tres capas. La exterior y más delgada es la única que se desprende cuando la serpiente muda. Sobre la capa intermedia crece una nueva capa externa que reemplaza la anterior. Las escamas son partes endurecidas de las capas intermedia e inferior que nunca se pelan. La última capa le da el color a la piel que se ve a través de las dos capas superiores.

Las serpientes no son legamosas. Su piel es dura y lustrosa, lo cual reduce la fricción cuando la serpiente se desliza sobre el suelo.

Cuando la serpiente se ensancha, puedes comprobar que las escamas en realidad son pequeños "abultamientos" en la piel.

Los ojos de la serpiente están cubiertos por escamas delgadas y transparentes, llamadas anteojos. Estas *escamas oculares* se desprenden junto con la piel y luego vuelven a crecer.

Cuando la serpiente está lista para mudar, la piel pierde su lustre. Los ojos se nublan y la serpiente se vuelve parcialmente ciega.

Generalmente, las escamas en la cabeza de una serpiente son más grandes que en el resto de su cuerpo. Los patrones de escamas en la cabeza son particulares en ciertas especies y a veces se usan para identificarlas.

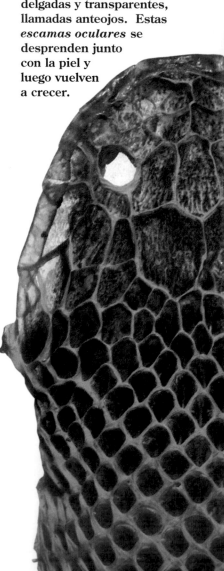

CÓMO SE SALE LA SERPIENTE DE SU PIEL

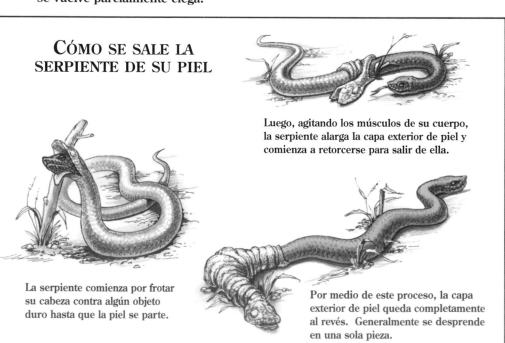

Luego, agitando los músculos de su cuerpo, la serpiente alarga la capa exterior de piel y comienza a retorcerse para salir de ella.

La serpiente comienza por frotar su cabeza contra algún objeto duro hasta que la piel se parte.

Por medio de este proceso, la capa exterior de piel queda completamente al revés. Generalmente se desprende en una sola pieza.

Algunas veces, las serpientes se benefician mucho al parecerse a otras serpientes. Esta semejanza las puede proteger de ciertos depredadores. Cuando un animal ataca una serpiente ligeramente venenosa, suele recibir un mordisco muy doloroso. Como resultado, éste aprende a no atacar una serpiente de determinado color o apariencia similar. Por lo tanto, las serpientes no venenosas y las muy venenosas que se parecen a la ligeramente venenosa, se benefician al estar protegidas de aquel depredador. ¡Poco le sirve a una serpiente parecerse a una altamente venenosa, pues los depredadores que atacan dichas serpientes difícilmente viven lo suficiente como para aprender a mantenerse fuera de su camino!

Las escamas pueden tener formas extrañas. Algunas víboras, como esta víbora rinoceronte, tienen escamas parecidas a cuernos sobre sus cabezas. Estos "cuernos" la ayudan a disimular el contorno de su cabeza, lo cual le permite esconderse.

La joven boa esmeralda apenas empieza a tornarse verde. ¡ Las crías y las casi-adultas son anaranjadas!

Las escamas en los distintos tipos de serpientes tienen diferentes formas. Algunas tienen crestas o *quillas* a lo largo del centro.

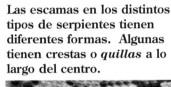

Los colores que parecen muy brillantes en realidad pueden ayudar a la serpiente a esconderse. En la densa selva tropical, el verde brillante puede confundirse muy bien con el trasfondo.

Los colores opacos y los patrones geométricos encubren la serpiente ante un determinado fondo. Las serpientes del desierto muchas veces aumentan la efectividad de su camuflaje al enterrarse en la arena.

Las escamas en la parte inferior de la serpiente son generalmente más grandes y gruesas que en el resto del cuerpo. Estas escamas a veces ayudan a la serpiente a moverse sobre el suelo.

Moverse sin las piernas no es tan difícil como puedas imaginarte. Todas las serpientes tienen al menos tres formas de mover sus cuerpos y algunas tienen incluso más. Sin preocuparse siquiera un momento por la falta de extremidades, las serpientes trepan árboles, nadan y se desplazan prácticamente por donde quieran. ¡Algunas especies en el sureste de Asia incluso planean por el aire!

Tranquilízate. No hay serpiente en este mundo lo suficientemente rápida como para alcanzar a un humano corriendo. Sin embargo, necesitas saber que algunas serpientes pueden cubrir una buena distancia y otras pueden lanzarse por los aires.

Los científicos nos dicen que los predecesores de las serpientes actuales tenían patas; sin embargo, cuando comenzaron a refugiarse bajo tierra, éstas se convirtieron en un estorbo. Algunas boas y pitones, que son serpientes más bien primitivas, aún tienen pequeños espolones en sus cuerpos. Esto es lo único que queda de las patas de sus ancestros.

El movimiento lateral o *serpentino* constituye la forma más común de desplazamiento entre las serpientes. Para moverse hacia adelante, la serpiente se empuja por los lados contra rocas, ramas y otros objetos que encuentra en el suelo. Al hacerlo, la serpiente es capaz de "aferrarse" al suelo en varios puntos a lo largo de su cuerpo.

Utilizando los músculos adheridos a cada una de sus costillas, la serpiente empuja cada grupo de éstas en contra de los puntos de aferramiento, comenzando con las más cercanas a su cabeza y continuando hasta llegar a las de su cola. A medida que cada grupo de costillas "empuja", la serpiente se mueve hacia adelante.

1

El movimiento rectilíneo o de *oruga*, otro método común de desplazamiento, utiliza las grandes *escamas ventrales* que poseen casi todas las serpientes. Primero, los músculos que adhieren las costillas de la serpiente a su piel se contraen ①, halando las escamas ventrales hacia arriba y hacia adelante. Luego, otro grupo de músculos ② se contrae, mientras que el primero se relaja. A medida que el segundo conjunto

El movimiento de *acordeón* es utilizado cuando la serpiente necesita desplazarse a través de lugares estrechos. Primero la serpiente amontona su cuerpo.

Luego, utilizando su cola como soporte, la serpiente empuja la parte frontal de su cuerpo hacia adelante.

Finalmente, la serpiente fija la parte frontal de su cuerpo y empuja la cola hacia adelante. Luego repite el proceso.

Hay serpientes que nadan en el mar tan fácilmente como los peces. Los cuerpos de estas serpientes de mar son menos redondeados que los de las serpientes de tierra. Algunas de ellas, como la que se ve a la derecha, tienen colas en forma de paleta. Estas serpientes pueden nadar con mucha más rapidez que los humanos.

El *golpe de costado* les permite a ciertas serpientes "caminar" a través de la arena suelta sin hundirse. Para iniciar este movimiento, la serpiente arquea su lomo y "lanza" la parte frontal de su cuerpo hacia adelante.

Cuando la parte frontal se posa sobre la arena, la serpiente voltea el resto de su cuerpo hacia adelante y lo levanta a una buena altura del suelo.

Al lanzar y girar su cuerpo una y otra vez, la serpiente parece "volar" a través de la arena. Ciertamente se mueve a una gran velocidad.

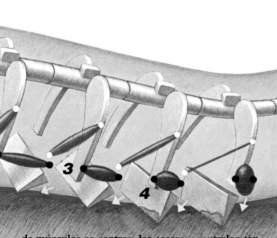

de músculos se contrae, las escamas ventrales son empujadas hacia abajo y hacia atrás ③. Ellas excavan en el suelo ④ y la serpiente "escarba" su camino a medida que se mueve. Muchas secciones de su cuerpo repiten estos movimientos al mismo tiempo.

*L*as serpientes son carnívoras y cuentan con métodos muy efectivos para encontrar y atrapar su comida. Por lo general, las serpientes no persiguen sus presas, sino que prefieren sorprenderlas, ya sea acercándose a hurtadillas o escondiéndose hasta que la presa se acerque lo suficientemente como para ser atrapada.

En muchos casos, las serpientes se alimentan de animales que los humanos consideran plagas, como las ratas; por lo tanto, la eficiencia silenciosa de la serpiente como cazadora suele convenirnos. Incluso las serpientes venenosas son más beneficiosas que dañinas para la humanidad.

La visión de la mayoría de las serpientes es deficiente. Generalmente tan sólo ven la presa si ésta se mueve. Carecen de párpados, por lo tanto no pueden abrir y cerrar sus ojos. Es por eso que siempre parecen estar "mirando fijamente", incluso mientras duermen.

En conjunto, las serpientes se alimentan de una gran variedad de animales e insectos. Sin embargo, también hay muchos animales que las cazan. Entre sus enemigos se encuentran otras serpientes. Abajo una serpiente real ataca una cascabel.

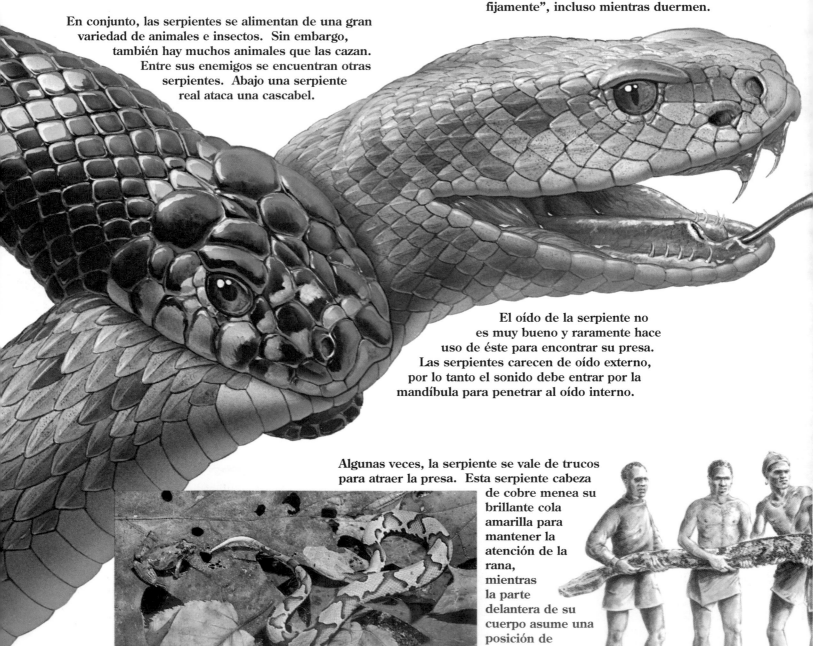

El oído de la serpiente no es muy bueno y raramente hace uso de éste para encontrar su presa. Las serpientes carecen de oído externo, por lo tanto el sonido debe entrar por la mandíbula para penetrar al oído interno.

Algunas veces, la serpiente se vale de trucos para atraer la presa. Esta serpiente cabeza de cobre menea su brillante cola amarilla para mantener la atención de la rana, mientras la parte delantera de su cuerpo asume una posición de ataque.

Muchos tipos de serpientes utilizan la constricción para someter a sus presas. La serpiente simplemente se enrolla alrededor del animal y aprieta lo suficientemente fuerte como para impedir que éste respire. Una vez que la presa cesa de respirar, la serpiente debe tragarla entera, pues sus dientes no sirven para masticar.

Las mandíbulas de la mayoría de las serpientes no están firmemente conectadas entre sí, para que su boca pueda abrirse ampliamente. Es posible incluso que la serpiente ingiera algo más grande que su propia cabeza. Luego de una gran comida, las serpientes pueden pasar un largo tiempo sin comer de nuevo. ¡Una serpiente sobrevivió por dos años con una comida solamente!

Algunos tipos de serpientes tienen detectores termo-receptores o sensibles al calor, lo que les permite localizar sus presas en la oscuridad. Ciertas hendiduras entre la fosa nasal y el ojo, llamadas *fosetas loreales*, detectan el calor emitido por animales de sangre caliente e indican dónde se esconde la presa. Las cascabeles y otras serpientes conocidas por esta habilidad se llaman *serpientes con fosetas*.

Algunas serpientes sobreviven casi totalmente a base de huevos. Son capaces de tragar un huevo entero e incluso pueden tragar varios huevos grandes a la vez.

Las serpientes no pican con sus lenguas. Para compensar por su visión deficiente, utilizan sus lenguas para oler lo que está a su alrededor. Por medio del constante revoloteo de la lengua dentro y fuera de la boca, ellas atrapan pequeñas partículas de polvo provenientes del aire y del suelo. Éstas son llevadas a la boca y colocadas en detectores sensoriales conocidos como los órganos de Jacobson. El "sabor" u "olor" de esas partículas le indican a la serpiente qué animales se encuentran cerca.

Dentro de su garganta, una serpiente que come huevos posee huesos afilados que parten estos huevos a medida que los traga. Su contenido baja por la garganta, mientras que el cascarón roto es expulsado fuera de la boca.

Muchas serpientes pueden ingerir animales casi tan grandes como ellas. Esto significa que las serpientes más grandes son capaces de tragarse animales realmente GRANDES. Libros de récords hablan sobre una pitón africana (que no pesaba más de 140 libras), ¡que se tragó un animal de más de 130 libras!

Las serpientes venenosas utilizan veneno pues es una forma efectiva de capturar la presa. Una serpiente venenosa no necesita gastar horas ni energía asfixiando la presa o persiguiéndola. Simplemente inyecta el veneno y espera a que éste haga efecto.

De las 3.000 diferentes especies de serpientes que hay en el mundo, únicamente alrededor de 400 son venenosas hasta un cierto grado. De éstas, menos de 50 son realmente peligrosas para el ser humano. Las demás son demasiado tímidas para atacar a las personas o no pueden inyectar suficiente veneno para hacer gran daño. Algunas de las serpientes más peligrosas para los humanos se muestran a continuación.

Las serpientes opistoglifas tienen colmillos más bien pequeños. Éstos se encuentran tan adentro de la boca que la serpiente realmente necesita colocarla alrededor de algo antes de que los colmillos puedan hacer su trabajo. Los dientes tienen la forma de una U (como se muestra) y, en vez de inyectar veneno, simplemente lo canalizan.

La más grande de las serpientes venenosas es la cobra real. Algunas veces crece más de 18 pies.

Por mucho tiempo se pensaba que estas serpientes no eran peligrosas para las personas y, en la mayoría de los casos, las serpientes opistoglifas no constituyen un peligro serio para los humanos. La serpiente boomslang, arriba, es una opistoglifa, aunque sus colmillos están localizados más adelante que en otras serpientes de ese grupo. El veneno proveniente de esta serpiente puede matar a una persona. Karl P. Schmidt, famoso herpetólogo, murió a consecuencia de la mordida de una boomslang.

Las mambas negras son probablemente las serpientes más peligrosas en África. Estas serpientes alargadas y delgadas pueden moverse muy rápidamente e inyectar suficiente veneno como para matar a diez hombres.

El veneno de la víbora gariba es particularmente tóxico para el ser humano. Incluso cuando mide solamente 10 pulgadas de largo, esta serpiente tiene suficiente veneno para matar.

Las serpientes proteroglifas, incluyendo la serpiente de coral, a la derecha, tienen colmillos en una posición más apropiada que las serpientes opistoglifas para secretar una dosis de veneno. Sus colmillos son más bien pequeños, aunque lo suficientemente redondeados como para inyectar veneno más eficientemente.

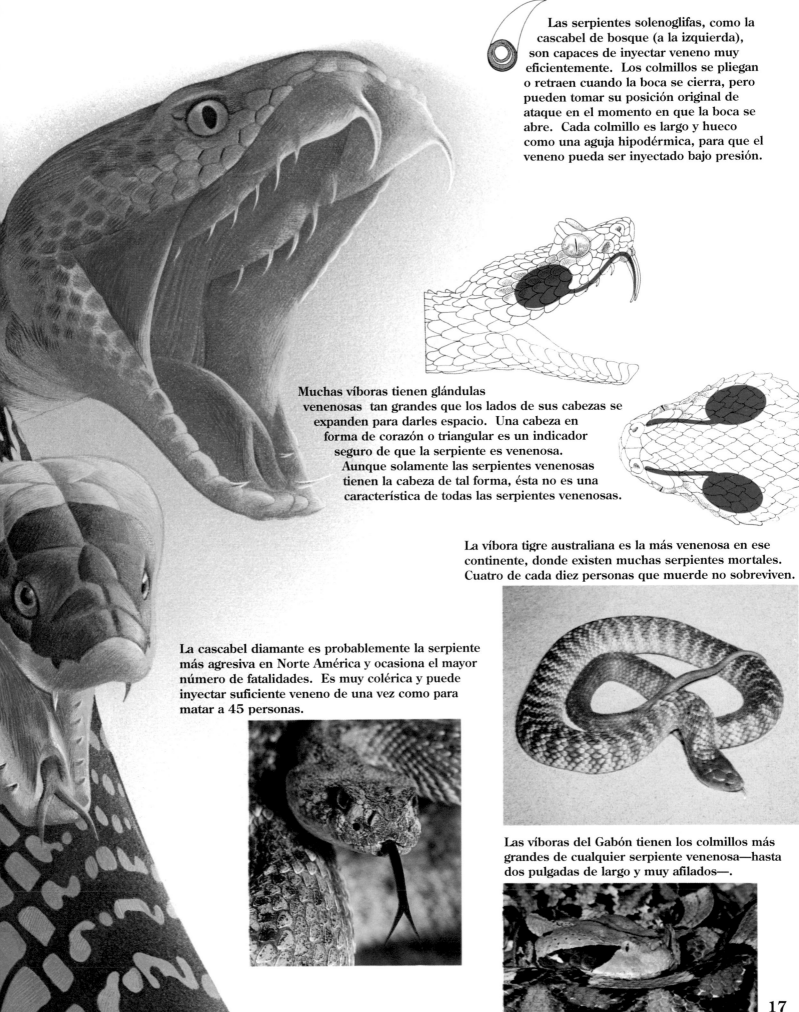

Las serpientes solenoglifas, como la cascabel de bosque (a la izquierda), son capaces de inyectar veneno muy eficientemente. Los colmillos se pliegan o retraen cuando la boca se cierra, pero pueden tomar su posición original de ataque en el momento en que la boca se abre. Cada colmillo es largo y hueco como una aguja hipodérmica, para que el veneno pueda ser inyectado bajo presión.

Muchas víboras tienen glándulas venenosas tan grandes que los lados de sus cabezas se expanden para darles espacio. Una cabeza en forma de corazón o triangular es un indicador seguro de que la serpiente es venenosa. Aunque solamente las serpientes venenosas tienen la cabeza de tal forma, ésta no es una característica de todas las serpientes venenosas.

La víbora tigre australiana es la más venenosa en ese continente, donde existen muchas serpientes mortales. Cuatro de cada diez personas que muerde no sobreviven.

La cascabel diamante es probablemente la serpiente más agresiva en Norte América y ocasiona el mayor número de fatalidades. Es muy colérica y puede inyectar suficiente veneno de una vez como para matar a 45 personas.

Las víboras del Gabón tienen los colmillos más grandes de cualquier serpiente venenosa—hasta dos pulgadas de largo y muy afilados—.

17

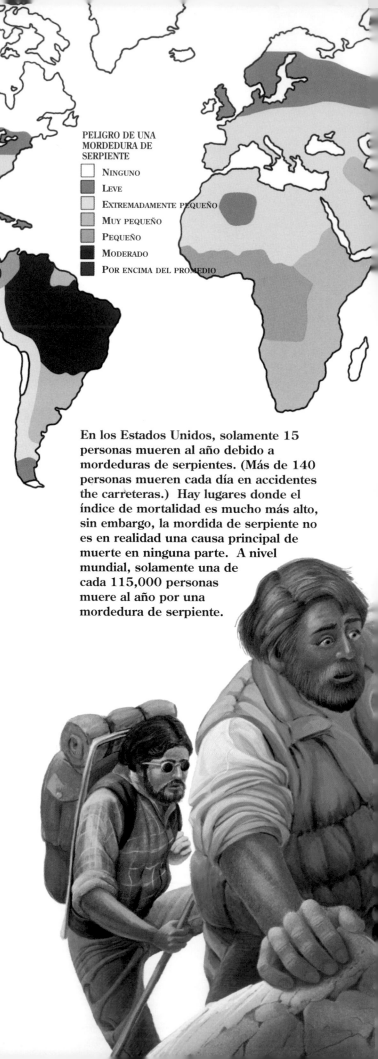

Las serpientes no quieren envenenarte. Su veneno les sirve para atrapar la presa y prefieren no desperdiciarlo en algún animal (tú) que no pueden comer. En casi cualquier parte del mundo puedes evitar ser mordido por una serpiente venenosa si tan sólo tomas algunas precauciones sencillas.

Como lo indica el mapa (a la derecha), el mayor número de fatalidades por mordedura de serpiente ocurre en lugares donde habitan muchas variedades de serpientes venenosas cerca de las personas y donde no hay un buen servicio médico disponible. En India y Burma, donde existen muchos tipos de serpientes venenosas, más de 18.000 personas mueren anualmente a consecuencia de mordeduras de serpiente.

PELIGRO DE UNA MORDEDURA DE SERPIENTE

- ☐ NINGUNO
- ☐ LEVE
- ☐ EXTREMADAMENTE PEQUEÑO
- ☐ MUY PEQUEÑO
- ☐ PEQUEÑO
- ☐ MODERADO
- ☐ POR ENCIMA DEL PROMEDIO

En los Estados Unidos, solamente 15 personas mueren al año debido a mordeduras de serpientes. (Más de 140 personas mueren cada día en accidentes the carreteras.) Hay lugares donde el índice de mortalidad es mucho más alto, sin embargo, la mordida de serpiente no es en realidad una causa principal de muerte en ninguna parte. A nivel mundial, solamente una de cada 115,000 personas muere al año por una mordedura de serpiente.

PARA EVITAR QUE TE MUERDA UNA SERPIENTE...

Prepárate antes de ir a lugares donde habitan serpientes venenosas. Lee acerca de los tipos de serpientes que puedas encontrar, para que así reconozcas cuáles son peligrosas cuando las veas.

 NO vayas a lugares donde hay serpientes a menos que estés vestido apropiadamente. Lleva botas altas, de cuero duro y pantalones holgados. Coloca el ruedo fuera de las botas.

NO hagas movimientos repentinos si ves una serpiente venenosa o escuchas un sonido parecido a un cascabel. Las serpientes no pueden verte muy bien si no te mueves demasiado. Ten cuidado de no retroceder para escapar de una serpiente y tropezar con otra.

 NO duermas en el suelo. Podrías girar mientras duermes y encontrarte cara a cara con una serpiente; ¡o ésta podría colocarse a tu lado para calentarse!

NO te metas en lugares antes de poder ver claramente si hay serpientes escondidas. Al trepar o escalar, nunca apoyes tus manos encima de tu cabeza a menos que puedas ver dónde las pones. Observa los leños en el suelo antes de pisarlos.

SI UNA SERPIENTE TE MUERDE...

¡NO TE DESESPERES! Asegúrate de que el animal en realidad haya hundido sus colmillos en tu cuerpo y de que sea una serpiente venenosa. Muchas veces la serpiente no utiliza sus colmillos o no inyecta veneno; además, muchas personas creen haber sido "envenenadas" por serpientes completamente inofensivas. NO trates de atrapar la serpiente, pues puede morderte otra vez. Sin embargo, trata de echarle un buen vistazo.

 NO trates de curar la herida por tu cuenta, a menos que sea absolutamente imposible ser atendido por un médico con rapidez. Al tratar de curar sus propias heridas, muchas personas se hacen más daño que el ocasionado por la serpiente.

Hazte examinar por un doctor tan pronto como puedas, mas NO corras. El esfuerzo físico hace que el corazón haga circular la sangre más rápidamente, lo cual a su vez hace que el veneno se expanda más rápidamente.

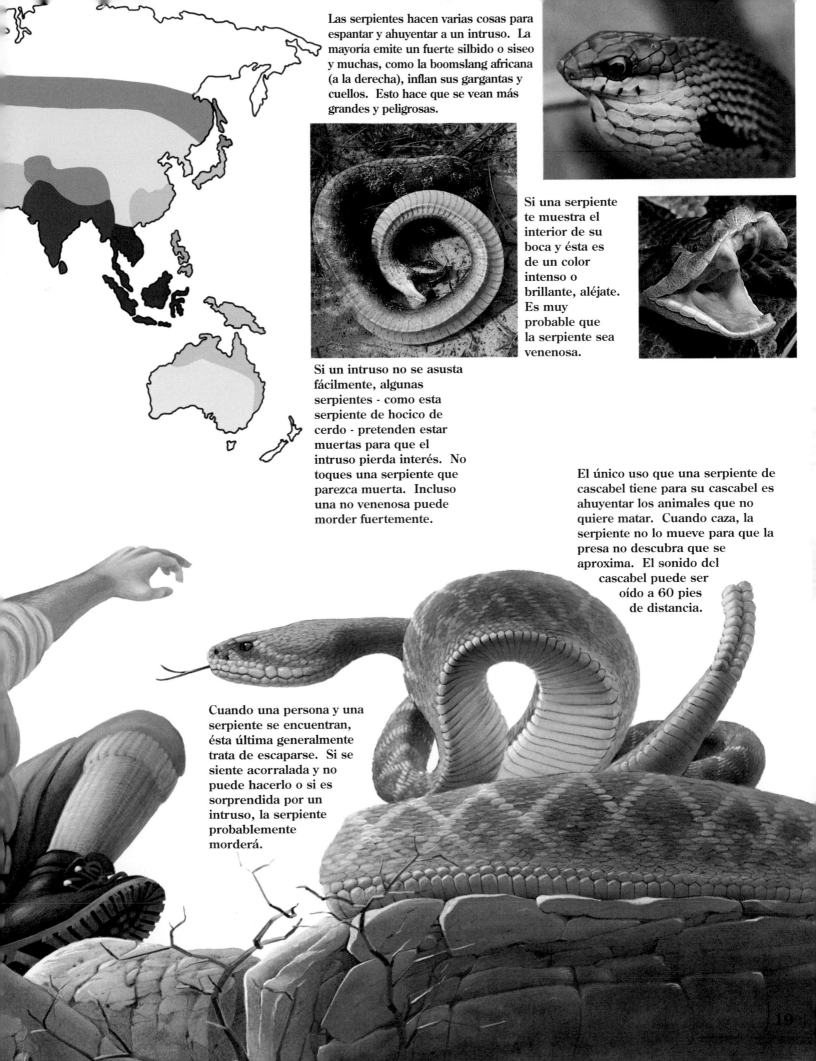

Las serpientes hacen varias cosas para espantar y ahuyentar a un intruso. La mayoría emite un fuerte silbido o siseo y muchas, como la boomslang africana (a la derecha), inflan sus gargantas y cuellos. Esto hace que se vean más grandes y peligrosas.

Si una serpiente te muestra el interior de su boca y ésta es de un color intenso o brillante, aléjate. Es muy probable que la serpiente sea venenosa.

Si un intruso no se asusta fácilmente, algunas serpientes - como esta serpiente de hocico de cerdo - pretenden estar muertas para que el intruso pierda interés. No toques una serpiente que parezca muerta. Incluso una no venenosa puede morder fuertemente.

El único uso que una serpiente de cascabel tiene para su cascabel es ahuyentar los animales que no quiere matar. Cuando caza, la serpiente no lo mueve para que la presa no descubra que se aproxima. El sonido del cascabel puede ser oído a 60 pies de distancia.

Cuando una persona y una serpiente se encuentran, ésta última generalmente trata de escaparse. Si se siente acorralada y no puede hacerlo o si es sorprendida por un intruso, la serpiente probablemente morderá.

19

El comportamiento de una serpiente está muy influenciado por las condiciones climáticas. Al igual que otros reptiles, las serpientes tienen sangre fría. Esto significa que la temperatura de sus cuerpos depende de la temperatura del aire. Entre otros factores, la temperatura del aire determina dónde pueden vivir las serpientes, cuándo serán activas, y cuándo se reproducirán. Por lo general, las serpientes prefieren temperaturas entre los 70 y 99 grados Fahrenheit. Si la temperatura desciende de los 39 grados o asciende sobre los 100 grados, la mayoría de las serpientes morirán.

Cuando el aire se enfría, las serpientes suelen asolearse. Esto sube la temperatura de sus cuerpos por encima de la temperatura del aire que las rodea. Cuando hace calor, frecuentemente se sepultan bajo la arena o se esconden bajo un arbusto o una roca para bajar su temperatura corporal.

Para la serpiente, es cuestión de vida o muerte el encontrar un lugar para mantenerse caliente cuando hace frío. Durante el invierno, muchas serpientes se alojan en huecos dentro de cuevas, junto a otras serpientes de la misma especie. Cientos de ellas pueden ocupar la misma madriguera. El resto del año, las serpientes generalmente viven por su cuenta.

A medida que la temperatura sobre tierra se enfría, las serpientes en la madriguera hibernan. Ellas se vuelven letárgicas, e incluso pueden parecer muertas. Cuando regresa el calor, reviven y abandonan sus madrigueras en busca de comida. La primavera también es la estación en que la mayoría de las serpientes buscan sus parejas.

Experimentos científicos demuestran que hay una gran diversidad en la temperatura que las serpientes de diferentes climas prefieren. Las serpientes de climas más fríos se sienten mejor cuando la temperatura es 15 grados Fahrenheit más fresca que aquélla que las serpientes del desierto prefieren.

CLIMA MÁS FRÍO
Víbora europea

CLIMA TEMPLADO
Serpiente de hocico de cerdo oriental

Algunas serpientes paren crías vivas. Las serpientes que se reproducen de esta forma se llaman *ovovivíparas*. Los embriones se desarrollan en sacos delgados dentro de sus madres. Ellos emergen de estos sacos justo antes o inmediatamente después de salir de sus madres. Las serpientes de cascabel son ovovivíparas.

Los machos de algunas especies de serpientes ejecutan "danzas" de combate. Se levantan, giran, y tratan de derribar el otro macho al suelo. Por lo general, ninguna de las dos serpientes resulta herida. Este danza no está relacionada con el cortejo, como se pensaba una vez.

Casi todas las serpientes son ovíparas; es decir, que ponen huevos de los cuales salen las crías. Para proteger los embriones que están dentro de los huevos, el cascarón es duro y correoso; a veces las jóvenes serpientes tienen dificultad para romperlos y salir. Cada cría de serpiente tiene una protuberancia o diente afilado encima de su hocico que la ayuda a romper la cáscara.

Las hembras de serpientes emanan un aroma que ayuda a los machos a encontrarlas. Cuando se aparean, es posible que las serpientes enrollen una cola con otra.

CLIMA SUBTROPICAL
Boca de algodón o mocasín de agua

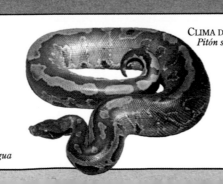

CLIMA DE SELVA TROPICAL
Pitón sangre de Borneo

CLIMA DESÉRTICO
Serpiente real de bandas grises

21

Los científicos extraen el veneno de las serpientes proveniente de sus colmillos y lo utilizan para preparar sueros que puedan curar a las víctimas de mordeduras de serpientes. El veneno también se utiliza para hacer medicinas que ayudan a detener el flujo de sangre, prevenir la formación de coágulos en la sangre y tratar enfermedades nerviosas.

En el antiguo Egipto, se creía que los dioses serpientes tenían el poder de la vida y de la muerte. Para demostrar que tenían el mismo poder, los gobernantes de Egipto llevaban imágenes de serpientes en sus coronas. El ejemplo más famoso es la cobra en el sarcófago del rey Tut, que aquí se ilustra.

*L*as serpientes han sido adoradas a través de la historia, en parte por miedo y en parte por admiración. La capacidad que tienen las serpientes de mudar la piel y "renacer" una y otra vez, ha hecho que muchas personas las vean como símbolo de vida, fertilidad e inmortalidad. Debido a su capacidad de matar, otras personas las ven como espíritus diabólicos que traen consigo la destrucción.

Hoy en día, sabemos que la mayoría de las serpientes son inofensivas para el ser humano. Como grupo, las serpientes benefician al hombre al comer ratas y plagas que destruyen los cultivos. A pesar de esto, el eterno temor hacia las serpientes prevalece. De hecho, es posible que el miedo sea mayor ahora, pues muchas personas que habitan en las ciudades nunca han visto muchas serpientes ni han aprendido acerca de ellas. Nuestros ancestros tenían el sentido común de tratar las serpientes venenosas con respeto, mas también a reconocer que todas las serpientes son criaturas maravillosas. Nosotros deberíamos aprender a hacer lo mismo.

Por miles de años, las serpientes formaron parte de los rituales para asegurar la fertilidad de los cultivos. Este dibujo de un curandero ejecutando una danza de la serpiente, fue hecho en la pared de una cueva en Utah, más de 2.000 años atrás.

Los aztecas del antiguo México veían al dios serpiente como símbolo de todo lo que era bueno en la vida: claridad, sabiduría, honestidad, felicidad. El dios serpiente, conocido como Quetzalcoatl, era el más importante de todos los dioses.

Aunque los encantadores de serpientes parecen arriesgar sus vidas con serpientes venenosas, por lo general toman ciertas precauciones. Las serpientes suelen ser enfriadas en hielo antes del espectáculo, para volverlas aletargadas. Es posible que los colmillos sean extraídos o que el encantador se coloque más allá de la distancia en que la serpiente pueda agredirlo.

El bastón de Asclepio, el antiguo dios griego de la medicina, es todavía el símbolo de los médicos hoy en día. La serpiente enrollada alrededor del caduceo o bastón representa buena salud y larga vida.

Índice

Alimentación de las serpientes, 14
Anaconda, 6
Atheris hispidus, 6

Boa constrictor, 6
Boa constrictor ortonii, 7
Boomslang africana, 16, 19
Bungarus fasciatus

Cabeza de algodón (Mocasín de agua), 21
Cabeza de cobre, 7
Camuflaje, 11
Características del cuerpo, 8-9
Cascabel de bosque, 17
Cascabel diamante, 17
Clima, efecto en las serpientes, 20
Cobra real, 16
Cobre africana de bosque, 6
Cola, 8
Colmillos, 16-17
Comportamiento al aparear, 21
Comportamiento de las serpientes, 20-21
Constricción, 9, 15
Costillas, uso al moverse, 12
Crías de serpientes, nacimiento de, 21
Culebra vermiforme, 6, 7

"Danzas" de combate, 21
Detectores sensoriales, 15
Distribución de los órganos, 9

Empollando huevos, 21
Encantadores de serpientes, 23
Enemigos de las serpientes, 14
Escamas, 10
    extrañas formas de, 11
    patrones en la cabeza, 10
    uso al desplazarse, 11, 12
Escamas oculares (anteojos), 10
Escamas ventrales, 12

Facultad para nadar, 13
Facultad para tragar, 15
Falsa coral, 11

Formas de moverse, 12-13
Frecuencia con que se alimentan, 15
Fuerza, 9

Glándulas venenosas, 17
Golpe de costado, 13
Guarida de serpientes, 20

Hábitats, 6
Hibernación, 20

Lengua, uso de, 15

Mamba negra, 16
Mamba verde, 7
Mandíbulas de las serpientes, 15
Medicina, del veneno de serpiente, 22
Mordida de serpiente, cómo evitarla, 18
Movimiento de acordeón, 13
Movimiento lateral, 12
Movimiento rectilíneo o de oruga, 12-13
Muda de la piel, 10
Músculos, usándolos al moverse, 12

Oído, 14
Ojos, 10
Órganos de Jacobson, 15

Quillas (Crestas), 11

Patrones de color, 6, 11
Patrón de crecimiento, 8
Piel, 10-11
Pitón reticulada, 6
Pitón sangre de Borneo, 21
Presas de las serpientes, 14
    trucos para atraer, 14

Refugio invernal, 20

Serpiente cabeza de cobre, 14
Serpiente cascabel pigmea, 6
Serpiente coral, 16
Serpiente coral del Brasil, 11

Serpiente de hocico de cerdo, 19
Serpiente de hocico de cerdo oriental, 20
Serpiente del manglar, 7
Serpiente más pequeña, 6
Serpiente voladora, 7
Serpiente real de bandas grises, 21
Serpiente real de California, 6
Serpiente real San Luís Potosí
Serpientes
    como dioses, 22-23
    tipos de, 6
Serpientes cascabel,
    propósito del sonido que hacen, 19
Serpientes comedoras de huevos, 15
Serpientes de mar, 13
Serpientes del desierto, 11
Serpientes más grandes, 6, 15
Serpientes opistoglifas, 16
Serpientes proteroglifas, 16
Serpientes solenoglifas, 17
Serpientes venenosas, 11, 14, 16-19
    identificación, 19
    peligro de una mordida, 18

Tácticas para espantar, 19
Tamaño de las serpientes, 6
Temperatura corporal, 20

Veneno, 16, 22
    propósito del, 18
    usos entre los humanos, 22
Vertebrados, 9
Víbora del Gabón, 17
Víbora europea, 20
Víbora rinoceronte, 7
Víbora tigre, 17
Víboras, 17
Visión, 14